PROJET D'ENDIGUEMENT

DE LA

RADE DU HAVRE

ET DE

LA BAIE DE SEINE,

Travail dont l'exécution assurerait au port du Havre

LA LIGNE DES PAQUEBOTS TRANSATLANTIQUES;

PAR UN RIVERAIN DE LA SEINE.

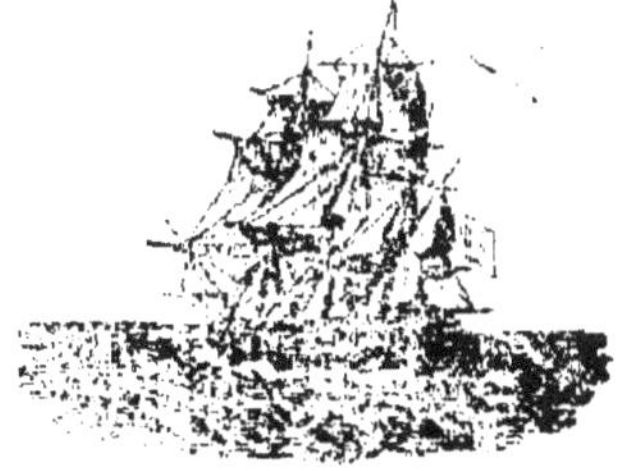

ROUEN

IMPRIMERIE DE ALFRED PÉRON

Rue de la Vicomté, 55

1853

PROJET D'ENDIGUEMENT

DE LA

RADE DU HAVRE

ET DE

LA BAIE DE SEINE,

Travail dont l'exécution assurerait au port du Havre

LA LIGNE DES PAQUEBOTS TRANSATLANTIQUES;

PAR UN RIVERAIN DE LA SEINE.

« Paris, Rouen et le Havre ne font
« qu'une seule ville dont la Seine
« est la grande rue. »

(Napoléon, premier Consul, 1802).

ROUEN

IMPRIMERIE DE ALFRED PÉRON

Rue de la Vicomté, 55

1853

AVANT-PROPOS.

En voyant tous les principaux ports de France, Cherbourg, Brest, Lorient, Nantes, Bordeaux, Marseille, se disputer à qui possédera *la ligne des Paquebots transatlantiques*, à l'exclusion du Havre, qui lui-même, par sa position et l'importance de son commerce, a la juste prétention d'obtenir la préférence, nous nous sommes demandé s'il ne serait pas possible de doter enfin ce dernier port du seul avantage qui lui manque, d'une rade fermée et abritée.

L'inconvénient est grave en effet, de ne pouvoir offrir devant le Havre un mouillage de toute sécurité aux navires terrissant dans un défaut de marée, et nous concevons que ce grave inconvénient soit de nature, jusqu'à un certain point, à repousser les *transatlantiques* du port du Havre avec ses abords actuels.

Nous avons donc recherché ce qui a déjà pu être dit sur la possibilité d'endiguer la rade du Havre, comme l'a été celle de Cherbourg, et nous appropriant en partie les idées des autres, nous avons formulé un *Projet d'endiguement de la rade du Havre*, formant le complément de l'endiguement de la Seine maritime, projet que nous soumettons aujourd'hui au public.

En appelant l'attention de chacun sur cette question, qui intéresse à un si haut degré non-seulement nos localités, mais même la France entière, nous croyons avoir fait œuvre de bon citoyen, et nous désirons vivement que l'homme de science trouve moyen d'exécuter cette grande entreprise, en suppléant à ce qui manque dans les idées de l'homme pratique. L'art ne doit pas être plus impuissant à améliorer la rade du Havre qu'il ne l'a été, malgré les dénégations de certaines personnes, à améliorer la Seine maritime.

PROJET D'ENDIGUEMENT

DE LA

RADE DU HAVRE

ET DE

LA BAIE DE SEINE.

Lorsque Napoléon, alors premier Consul, disait, en 1802, au Conseil municipal du Havre : «Paris, Rouen et le Havre « ne font qu'une seule ville dont la Seine est la grande rue», il avait apprécié toute l'importance de ce beau fleuve, et ses méditations se portaient sur les moyens de le rendre accessible à la grande navigation.

Lors du voyage que le premier Consul fit à Rouen à cette époque, il donna ordre à M. Beugnot, alors préfet de la Seine-Inférieure, de faire faire des études à ce sujet. M. Noël, secrétaire du Conseil du Commerce, institution qui avait succédé à la Chambre du Commerce de Normandie, supprimée en 1793, fut envoyé par ce magistrat en Angleterre, pour y explorer les rivières à marées qui, ayant de l'analogie avec la Seine, auraient été l'objet de quelques améliorations au moyen de travaux d'art.

Dans un ouvrage que M. Noël publia en 1802, sous le titre de *Tableau statistique de la navigation de la Seine,* ouvrage qu'il dédia au premier Consul, l'auteur fait l'historique des nombreuses modifications que la Seine a éprouvées à diverses époques, dans le cours de son lit, depuis La Mailleraye jusqu'à la mer. Il retrace les divers modes d'amélioration proposés à plusieurs reprises, lesquels consistaient, suivant les uns, en digues longitudinales, suivant d'autres, en épis transversaux, suivant d'autres encore en canaux latéraux sur l'une ou l'autre rive. Cet écrit se terminait en déclarant que tous ces travaux seraient impossibles, et qu'il fallait laisser la Seine telle qu'elle était ; les ingénieurs de nos jours ont heureusement prouvé qu'il devait en être autrement.

Quelques années après, dans un second voyage que l'Empereur fit à Rouen, avec l'Impératrice, en 1810, la Chambre de Commerce de Rouen, reconstituée depuis 1802, mit S. M. de nouveau à même de témoigner toutes ses sympathies pour la Seine Maritime. Cette Chambre l'entretint des moyens d'améliorer cette partie du fleuve, moyens qui consistaient alors à exécuter le canal latéral projeté par M. l'ingénieur Cachin, en 1792, entre Honfleur et Vatteville.

L'Empereur chargea M. De Montalivet, son ministre de l'Intérieur, de lui faire ultérieurement un rapport sur une note détaillée que la Chambre lui remit au sujet de cette importante question.

D'autres préoccupations ayant depuis absorbé les idées de Napoléon, cet illustre chef de l'État cessa de régner sans avoir pu exécuter le projet qu'il avait souvent manifesté de faire améliorer le lit de la Seine Maritime.

Ce que l'empereur Napoléon Ier n'a pas eu le temps de faire exécuter, son héritier, Napoléon III, nous en avons la ferme confiance, ne manquera pas de l'accomplir, car nulle conquête ne peut illustrer un règne à un plus haut degré que ne le fera l'endiguement simultané de la Seine Maritime et de la rade du Havre.

Depuis 1815, les esprits se portèrent de temps à autre sur cette grave question, et divers projets furent mis au jour, mais ce ne fut qu'en 1844, qu'à force de sollicitations de la part de la Chambre de Commerce de Rouen, le Gouvernement se décida à s'occuper sérieusement de l'amélioration de la Seine Maritime.

Humble organe des hommes pratiques, compilateur de quelques idées émises par divers ingénieurs français et étrangers, nous publiâmes nous-même, en septembre 1845, un projet d'endiguement de la Seine, depuis La Mailleraye jusqu'à la mer.

Le tracé des digues, alors indiqué dans notre publication, était à peu près le même que celui qui fut depuis soumis aux enquêtes et définitivement adopté par l'administration. Notre projet, toutefois, allait jusqu'à Honfleur et au Havre, tandis que les travaux actuellement en cours d'exécution ne vont que jusqu'à La Roque et Tancarville ; mais la direction donnée par les ingénieurs aux digues, en amont de ces deux caps, fait voir que leur intention est de diriger les courants vers la rive gauche, pour passer sous Berville et Honfleur, comme nous l'avions indiqué.

Ce que nous fîmes en 1845, dans le seul intérêt de la Seine, nous voulons le faire encore aujourd'hui dans l'intérêt commun du Havre et de Rouen, persuadé d'ailleurs, qu'avant tout, l'endiguement de la Seine Maritime et de la rade du Havre est une question d'intérêt général de premier ordre pour la France entière.

Les idées que nous allons émettre ne sont pas de notre

seule invention, elles ont déjà été produites (1), et nous allons nous borner à les résumer en les coordonnant suivant notre propre instinct, heureux si ce résumé peut appeler l'attention sérieuse du Gouvernement sur le complément de l'amélioration de la Seine, par l'endiguement de la rade du Havre.

La ville du Havre a, de tout temps, trop négligé les nécessités extérieures de son port; elle s'est vivement préoccupée de tout ce qui touchait à l'intérieur, de bassins à creuser, de docks à établir, de fortifications à abattre, pour agrandir son périmètre. Enfin, la ville du Havre s'est beaucoup occupée de ses intérêts du côté de la terre, et elle a beaucoup obtenu; mais elle n'a pas assez songé à l'extérieur maritime, elle n'a pas prévu que tous ces travaux qu'on lui avait accordés lui deviendraient peut-être un jour inutiles, si elle n'avisait pas aux moyens d'assurer l'arrivée chez elle des grands navires, en fermant sa rade par des digues.

La rude concurrence que font ou vont faire au port du Havre les grandes lignes ferrées, tend à lui enlever une partie de son commerce, et, s'il n'y songe pas sérieusement, ce port se verra bientôt dépossédé de cet immense trafic maritime dont il avait depuis longtemps presque exclusivement le monopole.

Déjà, faute d'une rade fermée, les steamers transatlantiques vont peut-être lui échapper, et comme les armateurs semblent vouloir désormais adopter exclusivement les navires d'un très fort tonnage, le Havre pourra se

(1) M. Frimot, ingénieur des ponts et chaussées en 1827, et M. Bailleul, capitaine du génie en 1837, ont, l'un et l'autre, publié sur cette question des Mémoires qui nous ont principalement suggéré l'idée que nous émettons aujourd'hui.

trouver un jour abandonné de toute la grande navigation s'il ne lui procure pas des moyens d'attérissage plus sûrs que ceux qui existent aujourd'hui.

Si une chose doit surprendre, c'est que la ville du Havre n'ait pas encore sollicité et obtenu les quelques millions nécessaires pour endiguer sa rade. Ce qui n'a pas été fait jusqu'à ce jour, il est temps encore de le faire, et nous adjurons le Havre, dans son intérêt et peut-être aussi dans celui de Rouen, de faire tous ses efforts pour obtenir une rade fermée comme celle de Cherbourg. La dépense, d'ailleurs, si nous ne nous abusons pas, n'est pas excessive, puisqu'elle ne dépasserait pas 15,000,000 fr.

On aurait plus que cette somme à dépenser pour approprier le port de Cherbourg aux nécessités d'une grande navigation transatlantique du commerce, exploitation qui serait, sans aucun doute, beaucoup moins bien placée dans ce port que dans celui du Havre.

L'endiguement de la rade du Havre pouvant être fait en une ou deux campagnes, on sera bien plutôt prêt à offrir sur ce point, à nos transatlantiques français, un port sûr, avec tous les accessoires nécessaires qui existent déjà, et à les mettre ainsi en mesure de soutenir de suite la concurrence des lignes étrangères, qu'en voulant placer cette entreprise à Cherbourg, qui est dénué de bassins et des autres établissements indispensables au commerce.

Puisque nous en sommes à parler de Cherbourg, nous devons dire que la rade endiguée de ce port ne contient qu'une surface de 1200 hectares, tandis que celle du Havre, proposée par nous, et qui serait limitée à la hauteur des bancs d'Amfard et des Neiges, en contiendrait environ 2000.

Il est vrai qu'en bien des endroits cette dernière rade présenterait moins de profondeur que celle de Cherbourg; cependant, la carte marine y indique encore, sur plusieurs points, des mouillages de 8, 9 et 10 mètres à mer basse. Le draguage, d'ailleurs, pourrait, par la suite, enlever les principaux hauts-fonds de l'intérieur de la rade.

Pour arriver à l'endiguement de la rade du Havre, nous prenons la suite de notre projet de canalisation de la Seine, de 1845, qui s'arrêtait devant Honfleur, et qui se trouve en cours d'exécution en ce moment jusqu'à La Roque et Tancarville. C'est, du reste, de ces deux derniers points que vont partir notre tracé et nos évaluations, l'endiguement de la rade du Havre devant être, selon nous, solidaire de celui de la baie de Seine.

Pour faire bien apprécier nos idées, nous renvoyons à la carte que nous avons fait copier sur celle de Beautemps-Beaupré, et sur laquelle nous avons indiqué les digues proposées par nous.

Digues à construire dans la rade du Havre et dans la baie de Seine.

Les chiffres qui vont suivre n'étant que le résultat de distances et de profondeurs d'eau, relevées sur la carte marine précitée, nous ne les donnons que comme approximatifs.

Endiguement de la Rade du Havre.

1re *Digue de* 3,800 *mètres de longueur.*

Cette digue part des falaises de la Hève, supprime la passe dite du Nord-Ouest, s'étend sur le banc de l'Éclat et

sur le banc des hauts de la Rade, à l'extrémité desquels
elle se termine, pour faire place à une passe de 600 mètres
de largeur là où la carte marine indique une profondeur de
4 mètres à mer basse.

2e *Digue de 2,400 mètres de longueur.*

Elle traverse un banc sur lequel il n'y a, comme sur les
bancs de l'Éclat et des hauts de la Rade, qu'un ou deux
mètres d'eau à mer basse, et se termine à quelque distance
du banc d'Amfard. Là, il y a une seconde passe de 600 mètres,
où la carte marine indique des profondeurs de 7, 8 et
9 mètres à mer basse.

3e *Digue, de 1,600 mètres de longueur.*

Cette digue, partant de cette seconde passe, est établie en
grande partie sur le banc d'Amfard.

4e *Digue, de 3,700 mètres de longueur.*

Elle part du banc d'Amfard, traverse le banc des Neiges,
et vient se relier au rivage de Lheure.

Cette digue complète les 11,500 mètres courants d'enrochements qui doivent former l'enceinte de la rade du Havre,
ayant ainsi une surface de 2,000 hectares environ.

Ce travail pourrait, à la rigueur, suffire aux premières
nécessités des ports du Havre et de Rouen, auxquels il
assurerait les bienfaits d'une rade fermée et bien abritée.
Mais si on n'endiguait pas en même temps la baie de Seine,
ce travail serait tout-à-fait incomplet, sa conservation
pourrait même en souffrir, du moins en ce qui touche la
4e digue, celle des Neiges, et on ne rendrait pas à l'agricul-

ture les 13,300 hectares de terrain à conquérir dans la baie de Seine, après son endiguement, terrain dont la valeur suffira pour couvrir, et bien au-delà, les dépenses à faire depuis Tancarville et La Roque jusqu'à La Hève.

***

Endiguement de la baie de Seine.

5* *Digue, de 8,500 mètres de longueur.*

Elle s'étend depuis le banc d'Amfard jusqu'au droit du port d'Honfleur, devant lequel elle laisse une ouverture de chenal de 1,000 mètres de largeur, pour donner un libre accès aux eaux de marées destinées à alimenter la Seine Maritime jusqu'au port de Rouen.

6* *Digue, de 18,150 mètres de longueur,*

Depuis Honfleur jusqu'à Tancarville, où elle se réunit à la digue rive droite de Tancarville à Quillebeuf, actuellement en construction, laissant-là une largeur de chenal de 550 mètres.

7° *Digue, de 13,000 mètres de longueur.*

Elle part d'Honfleur, sur la rive gauche, et s'arrête à l'embouchure de la Risle. Cette digue ne serait pas indispensable pour la navigation de la Seine qui, sans ce travail, obtiendrait sans doute, avec la seule digue rive droite, un chenal sûr et profond ; mais cette digue, accompagnée des deux petites digues indiquées à la suite, est très nécessaire à la consolidation des rives sous Berville, et à l'amélioration de l'embouchure de la Risle. Sa dépense, d'ailleurs, sera amplement couverte par les 1,100 hectares de terrain à conquérir entre cette digue et le rivage.

8ᵉ et 9ᵉ Digues, ensemble, de 4,000 mètres de longueur.

Ces deux petites digues sont destinées à améliorer l'embouchure de la Risle.

La position du banc du Ratier, à l'embouchure de la Seine, semblerait appeler naturellement une digue partant de ce banc et allant jusqu'à Honfleur, ce qui formerait une belle entrée pour la Seine. Nous ne la proposons pas, toutefois, parce que nous craindrions qu'en poussant trop loin le principe de l'endiguement, on ne fît plus de mal que de bien au port de Rouen. Nous craindrions, voulons-nous dire, qu'en prolongeant trop avant dans la mer le rétrécissement de la Seine, on ne diminuât trop l'action propulsive de la marée montante; la puissance de la marée pourrait ainsi se trouver diminuée aux abords de Rouen, qui, par le fait, se trouverait plus éloigné du point où la masse des eaux de la mer imprime, au moment de la marée montante, cette force impulsive qui fait remonter les eaux dans les fleuves à une distance souvent assez éloignée, mais qui, cependant, doit avoir une limite.

Il sera, d'ailleurs, toujours temps de faire exécuter cette digue, si plus tard on en reconnaît la nécessité.

Devis d'exécution des digues.

Pour l'évaluation de la dépense des digues à exécuter dans la baie de Seine et dans la rade du Havre, on peut, comme point de comparaison, prendre les digues exécutées à pierres perdues, de Villequier à Quillebeuf, en faisant toutefois la part de la différence des lieux où l'on devra opérer.

Les matériaux destinés aux digues de la Seine, portés au

devis estimatif au prix de 3 fr. le mètre cube mis en place, ont été successivement adjugés au prix de 2 fr. 25, 2 fr. 20, 2 fr. 10; et la dernière adjudication, faite en 1852 pour la digue rive droite, de Quillebeuf à Tancarville, a été faite au prix de 2 fr. 30 le mètre cube.

Nous croyons ne pas trop nous éloigner de la vérité en disant qu'on ne payera pas plus de 2 fr. 50 le mètre cube rendu en place, les matériaux destinés aux digues par nous proposées, lesquels seront pris dans les carrières de Tancarville et La Roque, ou en aval de ces deux points, et aux falaises de La Hève.

Les matériaux destinés à la digue de La Hève ainsi qu'à la tête de celles de Tancarville et de La Roque pourront être transportés par chemins de fer; ceux destinés à la pleine mer seront transportés par bateaux, et nous avons la conviction que ces travaux ne coûteront pas en moyenne plus de 2 fr. 50 le mètre cube de déblais de toute espèce, pris au pied des falaises et rendus en place.

Les digues en amont de Quillebeuf, qui ont en certains endroits jusqu'à 7 et 8 mètres de hauteur, y compris les affouillements, et qui ont parfaitement résisté aux efforts des vents et des marées, n'ont absorbé que 40 à 45 mètres cubes de bloc par mètre courant; elles n'ont coûté qu'environ 100 fr. par mètre courant. La digue à exécuter de Quillebeuf à La Roque n'est portée au devis d'exécution des ponts et chaussées que pour une moyenne de 72 mètres cubes par mètre courant, et celle de Quillebeuf à Tancarville, qui, à cause de sa direction concave, doit avoir plus d'efforts à soutenir, est portée à 100 mètres cubes; ces deux digues doivent être insubmersibles à la hauteur des pleines mers de morte eau.

Évaluation des Digues de la rade.

Les quatre digues à établir dans la rade n'ayant pas une complète analogie avec celles de la Seine, nous allons tâcher d'en évaluer le cubage, en raison des profondeurs du sol sur lequel elles devront être fondées, d'après les sondes indiquées sur la carte marine, et en raison des efforts qu'elles auront à supporter contre les fureurs de la mer.

Nous estimons que le sommet de ces digues devra être à 9 mètres au-dessus des basses mers ordinaires, afin qu'il dépasse de 1 à 2 mètres le niveau des pleines mers de vive eau. Nous donnons au sommet de ces digues une largeur de 10 mètres, ayant du côté du large une berge très plate, soit de 5 mètres de base pour un mètre de hauteur ; du côté de l'intérieur, il suffira de donner 1 mètre 1/2 de base pour 1 de hauteur.

Nous évaluons à une moyenne de 3 mètres la profondeur du mouillage à mer basse sur toute la ligne que devront parcourir les trois premières digues, depuis La Hève jusqu'au banc d'Amfard, ce qui donnerait à ces digues une hauteur moyenne de 12 mètres ayant 10 mètres de large au sommet, et environ 90 mètres à la base. Le cubage de ces digues serait de 600 mètres cubes par mètre courant, lesquels, à raison de 2 fr. 50 chaque, feraient 1,500 fr. par mètre courant.

La quatrième digue, allant du banc d'Amfard au rivage de Lheure, ayant beaucoup moins d'efforts à supporter, nous estimons qu'elle ne devrait pas absorber plus de 300 mètres cubes de bloc par mètre courant, lesquels, à 2 fr. 50 par mètre cube, feraient 750 fr. par mètre courant.

La dépense à faire pour endiguer la rade du Havre peut donc être évaluée comme suit :

1ʳᵉ digue, de La Hève à l'extrémité du banc des hauts de la rade. . 3,800 mèt. courants à 1,500ᶠ le m.cᵗ. 5,700,000ᶠ

2ᵐᵉ digue. 2,400　　— 　à 1,500　　— 　3,600,000

3ᵐᵉ digue. 1,600　　— 　à 1,500　　-- 　2,400,000

4ᵐᵉ digue. 3,700　　— 　à 　750　　— 　2,775,000

Frais imprévus 525,000

Total. 11,500 mèt. de digues devant coûter. 15,000,000ᶠ

Évaluation des digues de la baie de Seine.

Les digues de la baie de Seine ont, à leur origine vers la mer, plus d'efforts à soutenir que celles de Quillebeuf; néanmoins, nous pensons qu'elles seront loin d'absorber autant de matériaux que celles de la rade, surtout dans les parties se rapprochant de Tancarville et de La Roque.

La 5ᵉ digue, d'Amfard à Honfleur, de 8,500 mètres de longueur, ne devra absorber que 400 mètres cubes de bloc par mètre courant, lesquels, à raison de 2 fr. 50, font 1,000 fr. par mètre courant, ou pour la digue 8,500,000ᶠ

La 6ᵉ digue, d'Honfleur à Tancarville, rive droite, de 18,150 mètres de longueur, ne devra pas absorber plus de 250 mètres cubes par mètre courant, soit 625 fr. par mètre courant, ou pour la digue 11,340,000

Frais imprévus. 460,000

Dépense totale de la digue d'Amfard à Tancarville 20,300,000ᶠ

La 7ᵉ digue, d'Honfleur à l'embouchure de
la Risle, de 13,000 mètres de longueur, n'ab-
sorbera que 250 mètres cubes par mètre cou-
rant, ou pour la digue . . . .   4,875,000 ᶠ

Les 8ᵉ et 9ᵉ digues, ensemble 4,000 mètres,
formant l'embouchure de la Risle, à 100 mètres
cubes, ou pour les digues.   1,000,000

Frais imprévus   125,000

Total de la dépense des digues d'Honfleur à La
Roque . . . .   6,000,000 ᶠ

*Récapitulation des neuf digues de la rade et de la baie
de Seine.*

Les 11,500 mètres de digues de la rade . . 15,000,000 ᶠ

Les 26,650   id.   du banc d'Am-
fard à Tancarville, rive droite. 20,300,000

Les 17,000 mètres de digues de Honfleur à
La Roque, rive gauche, y compris les deux
petites digues à l'embouchure de la Risle. . . 6,000,000

Dépense totale du projet . . . . . 41,300,000 ᶠ

Ce chiffre est élevé sans doute, mais si on considère l'immense intérêt public qui se rattache à cette œuvre, ce n'est
pas l'importance de la dépense qui devra arrêter.

Après tout, ce ne serait encore qu'une avance de la
part de l'État, car dans un temps qui ne peut être éloigné,
on aura rendu à l'agriculture 5,000 hectares de terres
alluvionnées, depuis la Mailleraye jusqu'à La Roque et Tancarville, et 13,300 hectares entre Tancarville, Honfleur et
le Havre.

2

D'après la législation actuelle, l'État ne paraît avoir droit qu'à la moitié de la valeur des 5,000 hectares de l'intérieur du fleuve, mais quant aux 13,300 hectares de la baie, ils seront la propriété de l'État seul, comme alluvion maritime.

Il est donc facile de voir que le produit des terrains à conquérir fera rentrer dans les caisses du Trésor une somme beaucoup plus considérable que celle à débourser aujourd'hui.

En n'évaluant la valeur des prairies à obtenir de ces terrains de nouvelle formation qu'à 5,000 fr. l'hectare, on obtiendra un produit de 80,000,000 fr., tant pour la valeur totale des terrains de la baie que pour la moitié des terrains de l'intérieur de la Seine. On sait que le prix des prairies, le long de la Seine, varie de 5 à 8,000 fr. l'hectare.

Si, pour utiliser les terrains à conquérir dans la baie, on devait attendre leur complet exhaussement par les apports de la marée, on serait peut-être longtemps sans pouvoir en tirer parti, mais rien n'empêcherait de faire dans un délai très rapproché, de ces 13,300 hectares, des terres parfaitement arables. Il suffirait de faire, comme on en voit tant en Belgique et en Hollande, des digues imperméables et insubmersibles. D'un côté de la digue, on aurait un magnifique chenal portant des navires de 6 à 7 mètres de tirant d'eau, et de l'autre côté, à 4 ou 5 mètres en contre-bas du niveau des pleines mers, on aurait de vertes prairies qui, à toutes les basses mers, se purgeraient des eaux pluviales ou d'infiltrations par des fossés d'assainissement et des petites vannes ménagées à travers les digues.

L'État pourrait même n'avoir aucuns fonds à débourser, il lui suffirait pour cela de mettre l'opération aux mains d'une Compagnie qui se chargerait bien de faire les digues, en lui abandonnant les terrains à conquérir. Mais dans ce cas, l'exécution des travaux devrait rester sous la direction des ingénieurs du Gouvernement, afin que les intérêts de la navigation ne pussent pas être sacrifiés à ceux de la spéculation.

Les projets de travaux à exécuter sur la rade du Havre ont toujours été évalués à des sommes bien plus considérables que celles présentées par nous, mais cela tenait à ce qu'on indiquait dans ces projets des fondations en béton, des môles ou des murs en granit, etc., toutes dépenses nécessaires quand il s'agit d'un quai ou d'un bassin, mais, selon nous, parfaitement inutiles quand il n'est question que d'arrêter en pleine mer l'effort des vents et des vagues sur une rade.

Nous croyons que des digues à pierres perdues en matériaux bruts tels qu'ils sortent de la falaise, rempliront parfaitement le but proposé, sauf à élever plus tard sur ces digues tels travaux qui seront jugés nécessaires au point de vue militaire ou commercial, lorsque ces digues auront opéré leur tassement et auront fait leur preuve contre les vagues et les courants.

On dira peut-être que des digues ainsi faites, avec des matériaux tels quels, comme ceux de la Hève, par exemple, qui sont d'une nature assez tendre, ne résisteront pas longtemps aux ravages de la mer. Nous répondrons aux incrédules que s'ils ne veulent pas se tenir convaincus par l'expérience des digues de Quillebeuf, qui résistent si bien aux impétuosités des vents et marées, ils aillent en Belgique et en Hollande; que là, ils verront, sur les bords même de la mer, des digues faites en terre et consolidées par des fascinages et des perrés, qui résistent parfaitement à la mer.

Pourquoi donc en serait-il autrement de nos digues faites en cailloux, quelque tendres qu'ils fussent?

Si on voulait faire des digues presque perpendiculaires, comme des murs de quai, nous concevons qu'elles ne résisteraient pas longtemps, mais que du côté du large on fasse à ces digues des berges très plates et très prolongées, et on verra la fureur des flots se dérouler et s'amortir sur ces rivages factices sans rien détruire.

Par notre digue de La Hève, nous supprimons la passe dite du Nord-Ouest, par où, jusqu'alors, les navires venant du Nord arrivent au Havre. Cela est vrai, mais l'inconvénient résultant de la suppression de cette passe sera bien compensée par les nombreux avantages que procurera une rade fermée. Les navires seront obligés de faire un peu plus de route au large, pour gagner une des deux passes indiquées à notre projet, mais aussi, après avoir franchi ces passes, ils se trouveront sur une rade parfaitement abritée, où ils pourront attendre, en pleine sécurité, quelques vents qu'il fasse, le moment favorable pour entrer au Havre ou monter à Rouen.

Si l'avantage d'avoir une rade fermée et bien abritée est immense pour le port du Havre, il n'est pas moins appréciable pour celui de Rouen. Les navires de la Seine, soit montants, soit descendants, n'auront plus besoin d'entrer dans le Havre, où ils contribuent à encombrer l'avant-port et à se faire réciproquement des avaries. Amarés sur les corps-morts de la rade, ils pourront y attendre tranquillement l'instant favorable pour suivre le cours de leur navigation. Il en sera de même des remorqueurs, qui n'auront presque plus besoin d'aller échouer sur les vases de l'avant-port, et qui, constamment à flot dans la rade, pourront se porter, à toute heure de la marée, auprès des navires qui réclameront leur aide, soit pour entrer au Havre, soit pour monter la Seine.

La construction de la digue de La Hève aura non-seulement l'immense avantage de former une rade bien abritée contre les vents de nord et nord-ouest, qui sont les plus violents dans ces parages, mais aussi, elle formera un épi invulnérable contre les galets, que les falaises, depuis le cap d'Antifer jusqu'à Sainte-Adresse, font rouler constamment jusque devant les jetées du Havre. Cette cause incessante d'encombrement de la rade et du rivage disparaîtra complètement. Tous ces galets, arrêtés par la digue, viendront s'amonceler dans l'angle que forme cette digue avec la rive, et contribueront même à la consolider, jusqu'à ce que cet enfoncement soit entièrement rempli. Lorsque les galets ne trouveront plus de refuge dans cet endroit, ils seront portés au large et le long de la digue de l'Eclat; mais, d'ici à de très longues années, ils ne pourront pas entrer dans la rade. Le port et la rade du Havre se trouveront ainsi débarrassés de ces formidables atterrissements de galet qui les menaçaient d'une complète obstruction. Cet avantage seul suffirait pour faire supprimer la passe du nord-ouest.

Pour ce qui concerne les atterrissements vaseux qu'on pouvait attribuer aux eaux de la Seine, quelque soit leur faible importance, la digue de Tancarville au banc d'Amfard en débarrassera complètement la rade, en les reportant en pleine mer, vers une direction où ils disparaîtront dans les grandes profondeurs du large, entraînés qu'ils seront par les courants de la Seine et ceux de la mer. Il ne faut pas, toutefois, oublier que, si avant l'endiguement, les eaux de la Seine pouvaient entraîner avec elles une certaine quantité de détritus que les marées avaient arrachés aux rives sans défenses d'un fleuve beaucoup trop large, il n'en sera plus de même lorsque le lit de la Seine, réduit à une largeur de quelques centaines de mètres, coulera paisiblement entre deux rives parfaitement consolidées par des enrochements qui ne produiront plus aucun élément d'alluvion. Sous ce rapport, l'endiguement de la Seine aura été profitable à la rade et au port du Havre.

Si nous avons dit que les deux endiguements de la rade du Havre et de la Seine Maritime étaient solidaires l'un de l'autre, c'est qu'ils doivent se prêter un mutuel appui. En effet, en donnant à la digue de Tancarville le contours que nous lui traçons jusqu'à La Hève, cela permet de reporter les courants de la Seine dans la véritable embouchure de ce fleuve, entre les deux bancs d'Amfard et du Ratier, là où il y a de très grandes profondeurs. En ce qui touche l'intérêt du Havre, si on se bornait à endiguer la rade depuis la Hève jusqu'à Amfard, en laissant la Seine déboucher dans cet impasse de mer, il s'y établirait des remous, surtout à l'extrémité vers Sainte-Adresse, où les bancs mobiles de la baie de Seine et les apports naturels de la rivière, quelque faibles qu'ils soient, amèneraient bientôt des alluvions qui diminueraient sensiblement la profondeur de la rade.

En reliant au contraire l'endiguement de la rade à la digue qui remonte sans solution de continuité jusqu'à Villequier, sur la rive droite, et en fermant la rade par la digue d'Amfard aux Neiges, on voit que, quels que puissent être les apports de la Seine, apports qui seront considérablement diminués par l'endiguement, ils seront, ainsi que nous l'avons déjà dit, déversés dans la mer, là où il y a de grandes profondeurs, et emportés au large par les courants, sans qu'on puisse craindre de les voir rentrer dans la rade d'une manière appréciable.

Nous savons qu'en supprimant la passe du nord-ouest, cela supprime aussi les courants traversiers qui passent sous les jetées du Havre, et nettoyent l'entrée du port des galets et vases que la marée apporte d'Antifer, de La Hève et de Sainte-Adresse, et que le jusant rapporte ensuite de la baie de Seine. Mais si ces courants sont aujourd'hui nécessaires, ce n'est que pour réparer le mal qu'ils font préalablement en apportant eux-mêmes ces causes d'obstruction qu'ils sont chargés d'enlever ensuite. Lorsque la passe du nord-ouest sera bouchée, que les bancs mobiles de la baie de Seine seront renfermés par des digues, que la rade elle-même sera, par des travaux du même genre, mise à l'abri de ces fâcheux effets des courants et du déferlement des vagues du large, que les eaux n'entreront plus dans la rade et dans le port, chargées de toutes les matières vaseuses en suspension qu'on remarque aujourd'hui, et qui proviennent de la baie de Sainte-Adresse et de la baie de Seine, les courants traversiers ne seront plus nécessaires, puisque les eaux entreront désormais dans la rade, plus limpides et plus paisiblement que par le passé.

Après tout, si, par la suite des temps, il se formait quelqu'envasement dans la rade, avec l'aide des dragueurs, on s'en débarrasserait bientôt, ainsi que cela se pratique devant la plupart des ports d'Angleterre.

Si après mûr examen, il était reconnu que la suppression de la passe du nord-ouest et des courants qu'elle engendre, devait amener le prompt ensablement de la rade, on pourrait alors, pour maintenir l'effet actuel des courants, conserver cette passe sur une largeur de 600 mèt., supprimer la première passe de notre projet, à l'extrémité de la première digue, supprimer la quatrième digue d'Amfard aux Neiges, ainsi que la cinquième digue allant d'Amfard au droit d'Honfleur, et prolonger la sixième digue de Tancarville, à partir d'Honfleur jusqu'aux Neiges, comme nous le proposions en 1845. A ce moyen, les courants traversiers continueraient, comme aujourd'hui, à passer devant les jetées du Havre pour entrer dans la Seine, et à produire, dans la rade, les mêmes effets, bons ou mauvais, qu'ils y produisent aujourd'hui.

L'exécution de ce nouveau tracé serait tout aussi profitable à la navigation de la Seine que notre proposition principale, parce que, dans ce second système, la Seine aurait deux issues : l'une entre les bancs du Ratier et d'Amfard, pour les navires prenant de suite la mer, et l'autre entre Amfard et les Neiges, pour les navires ayant besoin au Havre ou sur la rade.

Si nous proposons le prolongement de la digue de Tancarville depuis Honfleur jusqu'à Amfard, ou jusqu'aux Neiges, c'est moins dans l'intérêt de la navigation de la Seine, à laquelle ce prolongement de digue n'est pas indispensable, que pour assurer la conquête de 12,200 hectares de terrain à prendre dans la baie de Seine, conquête qui doit jusqu'à un certain point, sous le rapport financier, assurer la complète amélioration de la Seine et de la rade du Havre, puisque la valeur de ces terrains conquis dépassera beaucoup la somme à dépenser. Nous croyons aussi que ces digues auront, pour le Havre, l'avantage de supprimer à toujours la masse d'alluvions que tous les bancs mobiles de cette partie de la baie mettent, à chaque marée, en suspension, et que la mer baissante ramène en partie chaque jour devant les jetées et sur la rade du Havre.

Cet endiguement de la baie aura encore pour résultat de dispenser, à l'avenir, des frais assez considérables qu'on est obligé de faire chaque année, pour défendre les rivages de Lheure, à l'aide d'estacades en bois.

Comme en exécutant notre projet, quelle que soit la direction qu'on donne définitivement aux digues, on aura retiré tout accès de la mer à la rivière d'Harfleur, nous proposons que, dès à présent, on procure à cette rivière un autre débouché que celui qu'elle a en ce moment dans la baie de Seine.

Le canal Vauban nous paraîtrait une issue toute naturelle pour les eaux de cette rivière. A l'aide d'un dragueur qu'on introduirait dans ce canal, on le creuserait avec peu de frais, en déposant sur les deux rives, qui ont besoin d'être exhaussées, le produit de ce draguage. Avec quelques centaines de mille francs, on parviendrait à rendre, à leur destination première, les 5,000 mètres de longueur de ce canal déjà projeté depuis longues années, entre le Havre et la ville d'Harfleur, et qui sont la propriété de l'Etat.

Cette nouvelle voie navigable donnerait, aux navires destinés au port d'Harfleur, un accès bien plus sûr et plus convenable que celui qu'ils ont aujourd'hui dans les sinuosités du petit chenal changeant, que creusent chaque jour les eaux de la Lézarde.

D'un autre côté, les eaux de cette rivière, traversant le bassin Vauban et celui de la Barre, formeraient, pendant la basse mer, une chasse utile pour nétoyer le milieu de l'avant-port des vases qui tendent constamment à l'obstruer.

Qu'on ne dise pas que la rivière d'Harfleur traînant après elle, comme tous les cours d'eau, des détritus vaseux, tendrait à encombrer les bassins et l'avant-port; car chacun sait que les eaux de la Lézarde sont parfaitement limpides, et qu'il n'y aurait par conséquent aucun envasement de ce genre à redouter de leur écoulement à travers les bassins et le port du Havre.

En résumant ici quelques idées qui ne sont pas uniquement les nôtres propres, nous n'avons pas eu la prétention d'établir un devis d'exécution à l'abri de toute critique; bien loin de là, nous reconnaissons que très probablement nous avons indiqué des choses qui ne seront pas exécutées, et omis d'autres travaux qui seront indispensables. Nous avons toutefois la confiance que l'ensemble de l'endiguement de la rade du Havre et de la baie de Seine ne dépassera pas une dépense de quarante à quarante-cinq millions de francs, et que la valeur des 18,300 hectares de terrain à conquérir sur les eaux de la Seine et à rendre à l'agriculture, excédera de beaucoup le montant de la somme à dépenser.

Comme en 1845, nous avons voulu simplement appeler l'attention des localités intéressées, et celle du Gouvernement, sur une question d'un haut intérêt national; nous ne croyons pas être trop présomptueux en pensant que, comme en 1845, notre idée germera et portera des fruits.

Nous ne terminerons pas sans signaler cette question aux capitalistes qui, constitués en une puissante Compagnie, trouveraient une entreprise aussi lucrative que glorieuse dans l'endiguement de la rade du Havre et de la baie de Seine. Un nouvel exemple très encourageant leur est donné en ce moment par la Hollande ; le *Moniteur* du 21 mars 1853 parlait de résultats importants déjà obtenus par la compagnie des *Polders de l'Escaut oriental*, qui a entrepris le dessèchement, par la voie de l'endiguement, de 14,000 hectares de terrains à conquérir sur les eaux de l'Escaut, entre Anvers et Berg-op-Zoom. Cette Compagnie, constituée en 1851, à Goes, province de Zélande, poursuit avec courage et succès cette vaste entreprise. Pourquoi ne suivrions-nous pas nos voisins dans une voie si fertile en résultats aussi avantageux à l'agriculture qu'à la navigation?

La formation d'une Compagnie du même genre, pour l'endiguement de la baie de Seine et de la rade du Havre, assurerait les moyens de faire exécuter promptement et sans accroissement de charges pour l'État, les magnifiques travaux que Napoléon Ier avait plus d'une fois projetés, et qu'il semble réservé à Napoléon III d'accomplir, comme une des gloires de son règne.

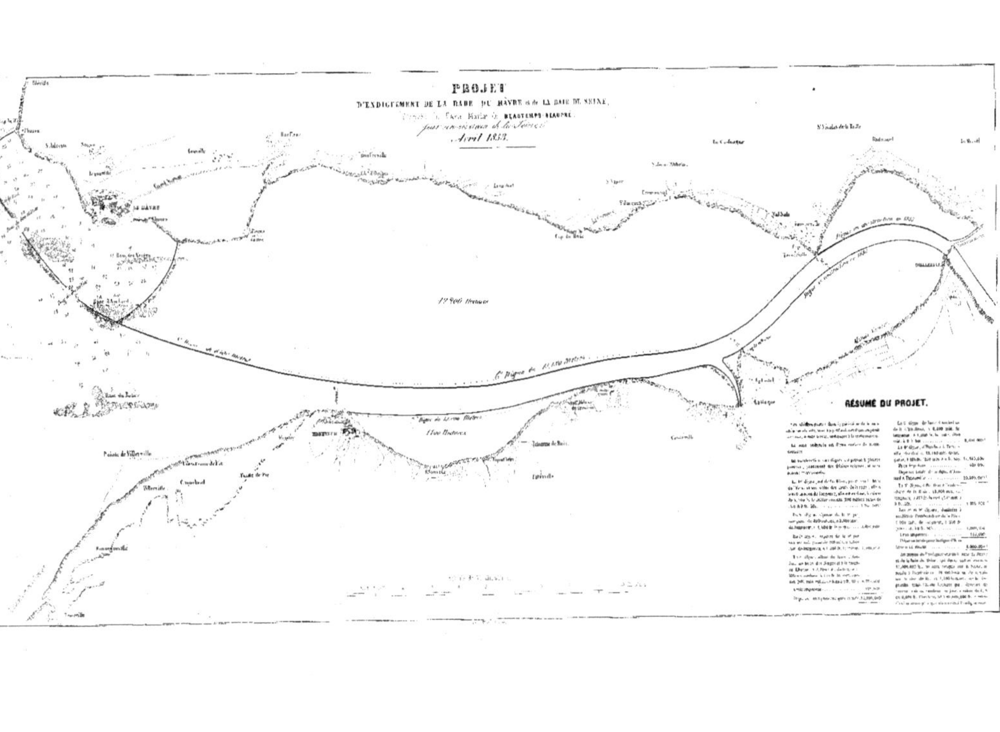

PROJET
D'ENDIGUEMENT DE LA RADE DU HAVRE et de LA BAIE DE SEINE.
d'après la Carte Marine de BEAUTEMPS-BEAUPRÉ
pour un mémoire de la Société
Avril 1853.

RÉSUMÉ DU PROJET.